Gitee
8° T
3599

AF315382

LA

SCRIPTURA DE TERÇ

EN

DROIT CATALAN

PAR

G. PLATON

ANCIEN ÉLÈVE DE L'ÉCOLE DES HAUTES ÉTUDES

PARIS

ANCIENNE LIBRAIRIE THORIN ET FILS

ALBERT FONTEMOING, ÉDITEUR

Libraire des Écoles Françaises d'Athènes et de Rome
du Collège de France et de l'École Normale Supérieure

4, RUE LE GOFF, 4

1903

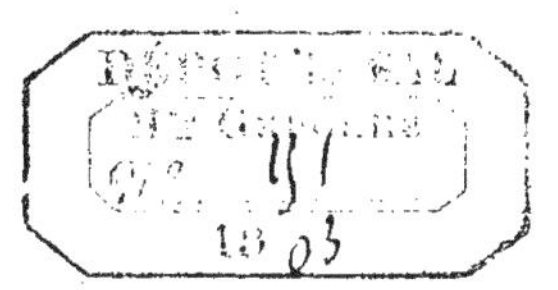

LA

SCRIPTURA DE TERÇ EN DROIT CATALAN

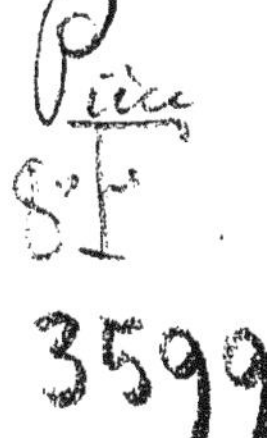

Pièce
8 F
3599

Extrait de la *Revue générale du droit.*

TOULOUSE. — IMPRIMERIE A. CHAUVIN ET FILS, RUE DES SALENQUES, 28.

LA
SCRIPTURA DE TERÇ

EN

DROIT CATALAN

PAR

G. PLATON

ANCIEN ÉLÈVE DE L'ÉCOLE DES HAUTES ÉTUDES

PARIS

ANCIENNE LIBRAIRIE THORIN ET FILS

ALBERT FONTEMOING, ÉDITEUR

Libraire des Écoles Françaises d'Athènes et de Rome
du Collège de France et de l'École Normale Supérieure

4, RUE LE GOFF, 4

1903

SCRIPTURA DE TERÇ EN DROIT CATALAN

Parmi les différents modes de s'obliger que connaît le droit catalan, il en est un particulièrement original et énergique. C'est celui qu'on emploie lorsqu'on veut donner le plus de force possible à l'engagement réputé important ou à l'exécution duquel, pour une raison ou pour l'autre, on tient le plus. En matière de rente constituée, de *censal*, pour employer le terme catalan, par exemple, c'est à ce mode d'engagement qu'a recours le crédit-rentier pour s'assurer le recouvrement facile de la rente.

Le contrat en question s'appelle *scriptura de terç*. Comme son nom l'indique c'est un contrat écrit. Dans ce contrat trois choses sont à considérer, qu'on trouve comme éléments essentiels dans tous les contrats de ce genre : 1° pour connaître du contrat l'élection par les parties d'un tribunal compétent, qui peut n'être le forum d'aucune d'elles ; 2° la rédaction de l'acte par un notaire public, dûment institué par le pouvoir souverain (Roi ou Seigneur) et conférant, ou faisant conférer à l'acte force exécutoire par l'apposition du sceau royal ou seigneurial ; 3° enfin, un troisième élément plus difficile à déterminer et moins apparent dans les textes : la stipulation, en faveur de l'autorité souveraine qui scelle l'acte, d'une amende s'élevant au *tiers* du montant de l'obligation principale.

De cet engagement je ne trouve aucune trace en Castille, tout au moins dans les textes législatifs ; les *Siete Partidas* l'ignorent ; rien dans la *Novisima Recopilacion* n'en trahit l'existence dans le passé. En France nous ne le trouvons mentionné dans aucun ancien monument du droit. En ce qui concerne l'Italie, dans les quelques textes de l'Italie du Nord où l'on serait tenté de le voir (1) il est trop méconnaissable pour qu'on affirme qu'il a réellement existé. Dans la Catalogne seule il apparaît pleinement développé avec tous ses éléments essentiels. C'est là, et là seulement que peut s'étudier le mécanisme de cette curieuse institution.

Voici en quels termes, qu'on trouve identiquement reproduits dans tous les actes de la pratique, le formulaire catalan de Morelló (2) décrit l'engagement en question :

« Renunciando (le débiteur) por pacto à mi proprio fuero, sometiendo me al fuero del Exc. Señor Corregidor de Barcelona y al de en otro cualquier superior secular, solamente con facultad de variar el juicio, firmando scritura de tercio, bajo pena de tercio, en los libros de tercio de las curias del nominado señor Corregidor y de otro cualesquier superior secular arriba espressado : obligando por ello todos mis bienes y derechos arriba dichas. »

On reconnaît dans ce texte les éléments que nous avons signalés comme essentiels à notre contrat : 1° Le débiteur renonce à son propre forum pour se soumettre, en ce qui concerne l'exécution du contrat, au tribunal qu'il lui plaît à lui et à l'autre partie de choisir ; 2° Cette *scriptura de terç* est bien une écriture notariée ; et, pour lui conférer la force exécutoire, il faut, outre l'intervention du notaire, celle du pouvoir public représenté par le tribunal déclaré compétent et au greffe duquel doit être transcrit l'acte : « firmando scriptura de tercio... en los libros de tercio de las curias del nominado señor Corregidor ; » 3° enfin, cette écriture est dressée et transcrite « bajo pena de tercio. »

Voilà les trois éléments du contrat qui sont autant de points qu'il faut étudier pour avoir la pleine intelligence de notre *Scriptura de terç.*

Prenons tout d'abord le premier : élection, en ce qui concerne l'exécution du contrat, d'un tribunal qui sera seul compétent à l'exclusion du forum de l'une et l'autre partie.

Comment les parties peuvent-elles ainsi se soustraire à leur

(1) Pertile, *Storia del diritto italiano*, t. IV, p. 496, note 9.

(2) *Coleccion de contratos, pactos publicos, etc.*, Barcelona, 1827, 2 vol. in-8°.

forum propre? Cette pratique est-elle particulière à la Catalogne et peut-elle être considérée comme caractéristique de la *Scriptura de terç* ?

D'une manière générale tout l'ancien droit a connu la compétence d'élection ; et c'est là un trait qui n'est nullement propre à la Catalogne. Les principes qui ont régi la matière se trouvent déjà, en France par exemple, formulés par Beaumanoir. Nous lisons, en effet, § 1092 (ch. XXXV (1) : Des obligations par lettres), de ses *Coutumes du Beauvoisis :*

« Trois manières de letres sunt : la premiere entre gentix homes de lor seaux, car il poent fere obligation contr'eus par le tesmoignage de lor seaus ; et la seconde si est que tous gentil home et home de poeste poent fere reconnaissance de lor convenences par *devant lor segneurs dessoz qui il sunt couchant et levant, ou par devant le sovrain.* La tierce maniere si est par devant lor ordinaire de Crestienté, si comme on doit fere por doaire ou por testament, o por autre querele meismes quand les parties s'i accordent. Ne pour quant le lettre est fete par le cort de Crestienté et le ples en vient en cort laie, ele ne vaut que un sol tesmoing. Et aussi ne fet cele de cort laie en le cort de Crestienté *excepté le letre le roi,* car elle doit valoir plain tesmong en *toutes cours* de Crestienté et de cort laie ; *et excepté le lettre l'apostole,* car elle doit valoir aussi plain tesmongnage en *toutes autres cours,* car nus en terre n'est sovrains de l'apostole. »

Tout pouvoir, quel qu'il soit, à quelque degré et quelque ordre qu'il appartienne, peut, par l'apposition de son sceau sur une reconnaissance d'engagement de son justiciable, conférer à cette reconnaissance écrite force exécutoire en ce qui le concerne et dans la mesure de son pouvoir même. C'est ce que Beaumanoir enseigne au § 1078 (même chapitre XXXV) : « Quiconque s'est obligié par aucune lettre de baillie, soit hons de poeste ou frans, il n'i convient pas ajournemens ne commandement fere d'aemplir les ; ainçois *sitôt que le sovrains* (2)

____

(1) Je me sers de l'édition *Salmon,* Picard, 1900.

(2) On remarquera quo par *sovrains* il faut entendre ici tout seigneur haut justicier. Nous trouvons dit en effet au § 1043 (éd. Salmon, ch. XXXIV) : « en tous lieus là ou li rois n'est pas nommés, nous entendons de ceux qui tiennent en baronie, car chacuns barons est souverain en sa baronie. »

voit le teneur de la lettre, il le doit fere aemplir sans délai; ne n'en est cil contre qui elle parole *oys de riens qu'il die contre le letre,* s'il n'alligue paiement, citance ou respit. »

Et encore § 1213 (ch. XXXIX) : « L'on doit savoir que se li rois ou aucuns *sires* qui tient en baronie tesmoigne par ses lettres aucune convenance ou aucun marchié qui ait esté fes entre ses sougiès, et ples muet après de ce qui fut convenancié, les *letres le roi ou les lettres de leur* seigneur qui tient en baronie vaut *pleine preuve sans riens dire encontre entre les sougiès.* »

§ 1214. — « Se li rois a fet marchié ou convenance à aucun de ses sougiés et il est escrit et seelé de son seel, ce vaut plein témoignage pour li ou contre li, tout soit ce qu'il n'ait pas lettres de son sougiet. Car aussi comme li rois de son droit puet estre juges et accuseres, aussi *tout ce qu'il tesmoigne par son seel doit estre creu soit pour li ou contre li.* »

Tout engagement entre particuliers certifié par lettre munie du sceau d'une autorité ayant compétence et juridiction sur les parties est considéré par cette autorité comme *liquide* et *prouvé* en dehors de tout examen de justice, et immédiatement exécutoire. Il suffit pour que l'engagement soit considéré comme tel par cette autorité 1° qu'elle ait juridiction sur les parties, 2° que ces parties l'aient saisie de la convention conclue entre elles et aient sollicité d'elle délivrance d'une lettre scellée contenant la teneur de la convention. Le roi qui, comme l'explique Beaumanoir, a pour sujets tous les habitants du royaume, « qui a tout le royaume à gouverner, » doit donc « être creu (§ 1216) de ce qu'il tesmoigne par ses lettres des convenances ou des marchiés qui furent fet entre les sougiés, » c'est-à-dire entre tous les habitants du royaume. « La letre l'apostoile doit valoir également plein témoignage en toutes cours de crestienté et de court laie, car nul en terre n'est souverains de l'apostoile » (§ 1092). Devant leur seigneur aussi, « *dessous qui il sont couchant et levant* (§ 1092), tout gentil homme et homme de poesté puent fere reconnaissance de leur convenances ou de leurs marchiés. »

Mais comme ces diverses autorités par ordre d'importance et étendue de juridiction sont superposées l'une à l'autre, il ne tarde pas à se produire que les sujets de la juridiction la plus basse peuvent faire la reconnaissance de n'importe lequel de leurs contrats devant n'importe laquelle des autorités supérieures. Ainsi se développe comme un principe accepté de tous et d'ordre général en matière de contrat la faculté d'élection de compétence.

Cette élection de compétence, on le voit, est la conséquence directe du choix qu'on fait de l'autorité qui intervient dans la confection de l'acte, et à laquelle on demande de rédiger par son notaire dûment institué et de consacrer par l'apposition de son sceau la teneur de l'engagement. Les juristes diront, plus tard : *Recueil des ordonnances* de Fontamon, t. I, p. 530 : « Le séel est attributif de juridiction. » Plus nettement encore dans une autre note du l. IV de la *Conférence des ordonnances royaux*, t. I, p. 517 : « C'est le séel qui donne à l'acte l'autorité de l'exécution et l'effet que l'on dit d'exécution parée. Quant au vice du contrat soit apparent, soit latent, il n'empesche l'exécution. Ceux qui prennent l'autorité de l'exécution de la qualité du notaire se trompent, parce *que si le contrat n'est scellé* et n'a la marque royale, il n'est *point exécutoire*. » La note ajoute qu'il y a trois sortes de sceaux en France : « le royal, l'exécution duquel s'étend en tout le royaume ; l'authentique, qui est celui des seigneuries particulières, qui est exécutoire à certaines conditions, et le particulier, à chacun pour les affaires propres. Toutes les obligations passées sous *séel royal* (l'ordonnance ne dit pas par notaire royal) sont exécutoires par tout le royaume parce que l'autorité et juridiction du roi y est diffuse partout. Ainsi le porte l'article 65 de l'Ordonnance de Villers-Cotterets de 1539. — Quant à celles qui sont passées sous autres sceaux authentiques, elles sont aussi exécutoires contre les obligés ou leurs héritiers en tous lieux où ils seront trouvés demeurans lors de l'exécution et sur tous leurs biens, quelque part qu'ils soient assis ou trouvés, pourvu que, au temps de l'obligation, ils fussent demeurans au dedans du destroit de juridiction, où les dits sceaux sont authentiques (1). »

D'une manière générale le tribunal qui connaît de l'exécu-

____

(1) Voir la même doctrine reproduite presque dans les mêmes termes dans Lange, *Pratique civile et criminelle*, Paris, in-4°, p. 270-271.

tion du contrat est celui dont le sceau a été apposé au bas de l'acte; et, réciproquement, pour assurer la compétence d'un tribunal, les parties n'ont qu'à faire sceller l'acte du sceau du haut justicier dont dépend le tribunal.

Les deux premiers éléments de notre *scriptura de terç* : la compétence de choix et la rédaction de l'acte par un notaire à même de faire apposer sur l'acte le sceau du « soverains » qui sera compétent pour la connaissance du contrat, ne présentent donc rien de propre à la Catalogne.

Sur la façon dont l'autorité prend sous son contrôle spécial la convention des parties pour en assurer l'exécution immédiate, les textes catalans nous livrent cependant certaines particularités intéressantes qu'il faut relever.

C'est, tout d'abord, l'expression « formar escritura de tercio... en *los libros de los tercios de las curias* del nominado señor Corregidor y de otro qualesquier superior secular arriba espresado. »

Que faut-il entendre par là ? Beaumanoir et les juristes français de date postérieure parlent d'apposition du sceau. Les formulaires et les actes catalans nous apprennent ce détail nouveau qu'en Catalogne on transcrit l'acte appelé « scriptura de los tercios » sur des registres tout exprès déposés au greffe du tribunal qui connaîtra du contrat : « en *los libros de los tercios de la curia*. » Evidemment, apposition du sceau et transcription de l'acte sur les registres *ad hoc* au greffe du tribunal compétent sont des actes tout voisins, ayant tous deux le même but de mettre sous la protection du souverain (roi ou seigneur haut justicier) les conventions conclues entre particuliers.

Mais ce « libro de los tercios » existe-t-il dans chaque cour de justice ? Quelles sont les cours qui peuvent donner ainsi aux conventions des parties le privilège d'avoir force exécutoire ?

Certains textes des *Constitutions de Catalogne*, relatifs à la « scriptura de terç » nous permettront de répondre à ces questions.

La loi 23, liv. VII, titre 10, p. 435 (année 1564), a pour objet « que se haja de executar y fer y decernir executio per lo *jutge de dita cort* de dit veguer de Rossello y Vallspir ó por lo *tercer de* aquella, denuntiada sia dita pena de terç de la mateixa forma, manera y rigor ques fa y es accostumat fer en e per la dita cort del viguer de Barcelona. »

Primitivement, la « cort del veguer de Barcelona » avait seule le privilège de la « scriptura de terç »; la loi 24 nous l'apprend : « per rellevar los poblats del present principat de moltas despesas que fan per *haverse de continuar las obligations de scripturas de terç* en la cort del veguer de Barcelona *a laqual esta concedit lo privilegi de la dita scriptura de terç.* » La loi 23, que nous venons de citer, conféra ce privilège à la « cort de Rossello y Vallspir. » La loi 24 l'étend à toutes les vigueries du principat de Catalogne et du comté de Roussillon : « Tinga tambe loc aquell capitol de cort y se estenga en totas *las veguerias* del present principat y comtats de Rossello y que la *scriptura de terç que sera registrada en quiescuna de las veguerias* del present principat y comtats de Rossello y Cerdaña tinga la mateixa força y valor y per virtut de aquella se puga fer per *tots los veguers tant rigurosa y prompta executio com* se poria fer per lo veguer de Barcelona ; entès empero que en las veguerias o altras corts dels ordinaris, ahont se acostuma de executar *la pena de terç* nos puga executar de aqui avant mes de un reyal per liura, y ahont no se acostuma de executar ò se executa manco, sia servada la consuetut y que de la pena de terç la part no puga haver res. »

A partir de cette époque, l'année 1585, toutes les vigueries de la Catalogue et du Roussillon jouissent du privilège de « l'escriptura de terç; » toute cour de viguier peut enregistrer dans ses « libros de tercios » *l'escriptura de terç* et le viguier doit procéder sans plus à l'exécution de ces contrats.

Le résultat auquel nous sommes arrivés ne laisse pas d'être important. Seule, la *cort* du viguier de Barcelone a primitivement joui du privilège de la « scriptura de terç. » Ce n'est que plus tard, au second moment, par tolérance, ou plutôt par concession expresse des comtes-princes de Catalogne, qu'ont joui du même droit toutes les Cours de vigueries de la principauté de Catalogne et du comté de Roussillon. Et le viguier de Barcelone lui-même, à l'origine, si nous en croyons le témoignage formel des textes, a reçu ces « scripturas de terç, » non en vertu d'un droit inhérent à ses fonctions de viguier, mais à titre

de privilège sans doute concédé par le prince souverain lui-
même : « per haverse de continuar las obligations de scripturas
de terç en la cort del veguer de Barcelona *a laqual esta concedit lo privilegi de la dita scriptura de terç.* »

Par ce caractère de ne pouvoir être originairement reçue que
par le prince souverain lui-même, la « scriptura de terç » se
distingue déjà profondément de ces reconnaissances de dettes
reçues en France indistinctement par le roi ou tout seigneur
haut justicier ayant sceau et pouvant l'apposer sur l'acte.

*
* *

Mais entre la reconnaissance de dette, munie du sceau royal
ou seigneurial dont parle Beaumanoir, et la « scriptura de terç »
en principe reçue par le prince souverain seulement, il y a une
autre différence qui est à mon sens la différence essentielle
et à l'étude de laquelle nous devons nous attacher.

Un mot du formulaire, que nous avons volontairement omis
pour lui garder à sa place toute sa valeur, et certains termes
de notre loi 23, l. VII, titre 10 des *Constitutions de Catalogne*
nous mettent sur la voie de cette différence. Ce mot, c'est « *bajo
pena de tercio* » : « firmando scritura de tercio bajo pena
de tercio, en los libros de tercios de los curias ; » les termes
visés de la loi 23 sont les suivants : « *denuntiada sià dita
pena de terc* de la mateixa forma, manera y rigor ques fa y es
accostumat fer en e per la dita cort del veguer de Barcelona. »

Il n'y a de *scriptura de terç* que « *bajo pena de terç.* » C'est le
terç, c'est la « *pena de terç* » qui fait la « *scriptura de terç* ; »
un des buts de la « *scriptura de terç,* » c'est la *commise* de cette
peine. La loi 23 nous apprend même que dans certaines Cours
de vigueries il y a un officier tout spécialement chargé du
recouvrement de cette *pena de tercio*, un *tercer* : « que se haja
de executar y fer y decernir executio per lo jutge de dita cort
d'edit veguer de Romello y Vallespir o per *lo tercer de aquella.* »

Qu'est-ce donc que cette *pena du terç* qui caractérise la
scriptura de terç ?

La loi 20 (même l. VII, t. 11 ; année 1432) en parle en ces
termes : « ordonenam que effectualio de executio de penas de
terços no sia feta en dits comtats fins à *tant lo deute principal*

sie satisfet y pagat al creedor, y que los creedors no pugan cessionar ni transferèr lo que *a ells toca en las ditas penas de terç* als officials que decerniran ò hauran decernida la executio, ni als porters, ni missatges y procuradors que intervindran en dites executions directement ni indirecte ni per interposadas personas ; altrament la dita cessio y translatio sie haguda per nulla y lo creedor perda la portion que li pertanyera per lo terç denuntiat ».

D'autre part, la loi 23 fait mention de cette même « *scriptura de terç* de la cort del veguer de Rossello y Vallespir *posada en qualsevol contractes* de obligations » ; tandis que la loi 22 (1432) cite de son côté « los deutes de censals, debitoris et altres deutes fets ab scriptura de terç ».

Il résulte de là que 1° la « scriptura de terç » est un acte dans lequel une obligation accessoire figure à côté d'une obligation principale : « scriptura de terç posada en qualsevol contractes de obligation » ; « censals, debitoris y altres deutes fets ab scriptura de terç ; » 2° que cette obligation accessoire porte justement sur la « pena de terç » ; elle paraît, dans les textes, nettement distincte de l'obligation principale ; les créanciers la cèdent parfois, ou tout au moins la part qui leur revient, (cessionar y transferir) aux agents d'exécution qui réalisent l'obligation principale : « lo creedor perda lo portion que li pertanyera per lo terç denuntiat (1) », « lo que a ells toca en las ditas penas de terç » ; enfin il est interdit (loi 20) de la réaliser avant qu'ait été réalisée l'obligation principale : « executio de penas de terços no sia feta en dits contrats fins à tant lo *deute principal* sie satisfet y pagat al creedor » ; 3° que cette obligation accessoire, contractée par le débiteur, est établie partie au profit du créancier, nous venons de le voir (2),

---

(1) Dans la loi 16, il est également question d'une part d'amende qui revient au créancier : « l'altre terça part » d'amende qui revient « al censalist ò violarista contra laqual sera fet. » Mais il s'agit ici non d'une « pena de terç » stipulée dans une « scriptura de terç », mais d'une amende infligée par la loi au scribe qui viole les ordonnances relatives à la création du censal et que se partagent par parties égales a) le fisc royal ou le seigneur du territoire où la faute sera commise, b) le gouverneur général de Catalogne, c) enfin le vendeur de la rente (censalista ò violarist).

(2) Vivès y Cebria, *Traduccion al castellano de los Usages de Cataluna*, donne du passage la traduction suivante, t. I, p. 126 : « y en los lugares en

partie au profit du fisc ; c'est le fisc qui prend la partie que le
créancier ne touche pas ; 4° cette obligation accessoire n'a été
visiblement ajoutée à l'obligation principale que .pour faciliter,
pour garantir la réalisation de cette dernière.

La loi 24 (année 1585) nous fournit un détail de plus. Elle
établit comme une nouveauté que « en las viguerias ò altras
corts dels ordinaris hont se acostuma de executar la pena de
terç nos puga executar de aqui en avant *mes de un reyal per
liura*, » et que, d'autre part, à titre de nouveauté encore :
« ahont ne se acostuma de executar ò se executa manco sia
servada la consuelat y que de la pena de terç la part no puga
haver res (1). » A l'avenir, la peine du terç, cette obligation
accessoire qu'on réalise à côté et en outre de l'obligation principale, ne pourra pas dépasser un réal par chaque livre de
l'obligation principale ; d'où il ressort que le montant de cette
obligation accessoire était plus élevé autrefois. Il peut arriver
que le taux de cette « pena de terç » soit moins élevé encore ;
et alors la loi décide que la partie, le créancier, n'y aura aucune
part : « la parte no puede percibir cosa alguna de la pena de
tercio, » dit la traduction espagnole des *Constitutions* de Vivès
y Cebria.

Il reste une « pena de tercio » dont le taux a été réduit,
que continuent seuls à percevoir le fisc et ses agents d'exécution ; et dont on sent bien qu'elle n'est là que pour garantir
l'exécution de l'obligation principale, sans que nous nous
rendions bien compte encore comment elle atteint son but.

Une autre série de textes plus anciens nous permet de pous-
ser la recherche plus loin ; nous les empruntons au tome II des
Constitutions de Catalogne, L. IV, titre xv, qui a pour titre : *De
actions y obligations cartas de comandas y scriptura de terç.*

D'abord le plus complet, la loi 9, quoique postérieur aux
suivants : « Pragmatica dirigida a tots y sengles officials dada
en Barcelona 29 de May 1353..., expositum est coram nobis
personas jurisdictionis vobis commissae submissas, quæ sunt
sub penâ tertii obligatæ in curiâ vicarii Barcinonæ, quòd licet

que no se acostumbra ejecutar, ò se ejecuta per menor cantidad (que un real
por libra) sea guardada la costumbre y que la parte no puede percibir cosa
alguna de la pena de tercio. »

propterea requisiti per vicarium Barcinonæ, — *expressè capere recusatis*, quamvis *renuntiaverint suo foro* et non obstante quod juxta civitatis ipsius privilegium sunt — per vos totaliter capiendi... Mandamus quatenus — quotiens inde fueritis requisiti per dictum vicarium Barcinonæ — tales personas ad pœnam tertii obligatas in *posse curiæ dicti vicarii vel bajuli Barcinonæ capiatis.* »

Et la loi 8 (année 1337) : « Quod quilibet cujuslibet conditionis vel sexus existat qui se obligavit vel de cetero obligaverit aliquid soluturum *alicui sub pœnâ tertii* — in libris curiarum vicarii vel bajuli dictæ civitatis. »

De ces textes ressortent les points suivants : 1° l'existence d'une obligation principale envers un simple particulier; 2° pour l'exécution de cette obligation, renonciation par le débiteur à son forum propre et élection de la *curia vicariæ Barcinonæ* comme tribunal compétent; 3° par la *pœna tertii* le débiteur fait de l'accomplissement de cette obligation envers un particulier comme une obligation envers la Cour du viguier « se obligare aliquid soluturum alicui sub *pœna tertii* » : il constitue la Cour du viguier garant de l'exécution de son obligation privée, et lui donne le droit d'exécution, si besoin est, sur ses biens et sa *personne*. En résumé, à l'obligation principale s'adjoint, tend à se substituer cette obligation accessoire qui s'appelle le *terç*, *tertius*, et c'est de cette obligation accessoire que le forum d'élection doit, semble-t-il, particulièrement connaître; elle été contractée envers la Cour du viguier; c'est par elle, à travers elle, que se poursuit l'exécution de l'obligation principale; par elle on fait de l'exécution de l'obligation principale du débiteur envers le créancier comme une obligation propre du débiteur envers le viguier, envers le fisc constitué garant de l'obligation principale « se obligare aliquid soluturum *alicui* sub pœnâ tertii. » Enfin une chose toute nouvelle, — cette exécution de l'obligation accessoire, et par suite de l'obligation principale, — se poursuit sur les *biens* et sur la *personne* : l'obligation « sub pœnâ tertii » aboutit à l'incarcération du débiteur récalcitrant.

D'autre part, le viguier, le fisc est, par le terç qui lui revient, — tout ou en partie, — directement intéressé à l'exécution de l'obligation principale. C'est lui qui doit forcer le débiteur à désintéresser le créancier, pour pouvoir se faire désintéresser lui-même. Aussi avons-nous vu que des constitutions lui défendent de recouvrer son terç avant d'avoir forcé le débiteur à exécuter l'obligation principale.

Un point sur lequel il faut insister, c'est que pour forcer le débiteur à tenir ses engagements, il a la contrainte par corps. Et contre l'engagement conclu par *scriptura* de terç, le débiteur ne peut pas invoquer le bénéfice de la cession de biens. C'est ce que nous dit expressément la loi 10 (an. 1380) qu'il nous faut citer :

« Usantia Comitatum Rossilionis et Ceritaniæ — per quam obligati pro debitis — ad *captionem personæ* capi inde consueverunt et capti etiam detineri... ut captionis districtu prædicti sic capti dicta debita compellantur... quando qui *pro debito voluntarie se obligat ad captionem*, ... quod tales capti seu capiendi de cetero in comitatibus supradictis — propter *bonorum cessionem quam faciant vel fecerint*, — a *captione minimè liberentur nec liberari valeant ullo* modo ; imo capti existant donec in eo seu pro quo ad captionem personæ se obligaverunt satisfecerint; sic tamen quod creditores prefatis debitoribus captis existentibus alimenta seu provisionem, sicut per nos alias extitit ordinatum vel prout de more curiarum in quibus capti fuerint, fuit et est assuetum, prestare teneantur. » — J'y joins la loi 6 (an. 1320), qui ordonne au viguier et au battle de Barcelone que « compulsionem solutionis dictorum debitorum et quantitatem pecuniæ et *tertiorum nostrorum* tam *in personis* quam in bonis protinus et indilate fieri fortiter faciatis. »

Le terç, ces « tertii nostri » dont parle la loi 6, qui tombent dans la cassette du comte-prince et dont il ordonne qu'on fasse le recouvrement avec vigilance et promptitude, — cette amende, au payement de laquelle s'oblige le débiteur envers le viguier, représentant le prince, c'est-à-dire le fisc, — voilà donc la caractéristique de la *scriptura de terç*, ce qui la distingue essentiellement de toute autre reconnaissance de dette sur laquelle ailleurs le seigneur haut justicier s'est contenté d'apposer son sceau.

Quelle est la nature de cette amende à payer au fisc, à laquelle se soumet volontairement le débiteur et qui se présente comme une stipulation au profit d'un tiers ? — Comment est-elle juridiquement possible ? — D'où lui vient ce nom de terç « tertius? » — Ce sont là les questions qui nous restent à résoudre.

La première grosse difficulté juridique est celle-ci :

C'est un principe du droit romain que « alteri stipulari nemo potest, præterquam si servus domino, filius patri stipuletur, » L. 38, § 17, D., XLV, 1. Or, ici le créancier stipule en même temps qu'une prestation pour lui, au cas de non-accomplissement de la prestation, une *pœna* pour le fisc. Comment cela est-il possible?

La jurisprudence classique ne l'admettait pas. La loi 42, D. IV, 8, est formelle sur ce point. Deux individus qui se disputent la propriété d'esclaves ont fait un compromis en vertu duquel celui que condamnera l'arbitre et qui ne voudra pas s'exécuter sera redevable à son adversaire d'une certaine amende et d'une autre amende au fisc. Papinien conclut que seule la partie de l'amende stipulée en faveur de la partie gagnante est commise et acquise en droit; non l'amende stipulée en faveur du fisc : « Ob eam sententiam fisco nihil acquiritur. » « Pœna fiscalis, » dit Cujuas, t. IV, p. 882, « non fuerat in stipulationem deducta, nec, — si fuerat deducta, — fisco acquireretur actio, quia per liberam personam non acquiritur actio. » — Mais les mots « pœnae causâ fisco secundum formam compromissi (1) » marquent bien qu'il était originairement dans l'intention des parties de faire de cette amende payée au fisc une obligation accessoire de l'obligation principale, la *pœna conditionalis*, sur laquelle repose le compromis. D'autre part, *Mitteis*, dans son étude sur les Fiscalmulten (*Reichsrecht und Volksrecht*, chap. XV), prouve, à suffisance, à mon estime, que cette pratique d'intéresser le fisc, par une amende qu'il perçoit, à l'exécution d'une obligation de droit privé, est répandue, malgré la doctrine contraire, sur une

____

(1) Voici le texte de la loi 42, D., IV, 8. Papinianus, lib. 2 *Responsorum :* « Arbiter intra certum diem servos restitui jussit, quibus non restitutis, poenae causâ fisco — secundum formam compromissi — condemnavit. Ob eam sententiam fisco nihil adquiritur : sed nihilominus stipulationis poena committitur quod ab arbitro statuto non sit obtemperatum. »

grande partie de la surface de l'empire. Pour l'Egypte, par exemple, après les nombreux exemples qu'il en donne, ce n'est pas douteux. Cette pratique date là des temps les plus reculés ; elle se retrouve dans les documents démotiques et grecs du temps des Ptolémées et s'est maintenue sous la domination romaine, s'appliquant à toutes sortes de contrats, vente, testament, etc. (1).

« Si quelqu'un de nous, les vendeurs, » est-il dit dans un acte de vente entre bien d'autres cités par Mitteis, p. 529, « vous attaque devant les tribunaux, il ne gagnera rien à cette attaque ; il sera étranger au Père, au Fils, au Saint-Esprit, et il payera aux autorités du jour 36 sous comme étant l'amende que les lois ont établie contre celui qui ose contrevenir. »

Ces amendes fiscales, adjointes aux conventions privées, ont pu, malgré la répugnance très grande pour ne pas dire absolue de la jurisprudence romaine, s'insinuer dans la pratique romaine. Comment cela ? Comment d'une obligation privée tirer une obligation publique, un engagement envers le fisc ?

Mitteis rappelle avec raison la loi 41, C. J., II, 4, de Arcadius et Honorius, année 395, qui menace de peines particulières, comme l'infamie, les majeurs de vingt-cinq ans qui ont consenti des transactions ou conclu des pactes en prenant à témoin le saint nom de Dieu, et qui, malgré la sainteté de leur auteur, s'efforcent de revenir sur ces arrangements. De même ceux qui auront pris à témoin de la sincérité de leurs promesses le nom de l'empereur.

Il conjecture de plus (p. 531) que ce qui fut surtout en jeu, dans l'extension générale de cette amende fiscale, c'est le droit de *mulcta* du magistrat romain.

Le magistrat prit sur lui d'exiger de la partie infidèle au contrat le payement de la *pœna* convenue entre les deux parties pour le cas de non-exécution ; et, en même temps, il infligeait à la partie récalcitrante l'amende dont sa magistrature lui laissait la disposition. Ce qui le prouve, c'est que le montant de l'amende qui revient au fisc dans les diplômes coptes

---

(1) V. Révillout, *Précis de droit égyptien*. Paris, Girard et Brière, 1899-1902, in-8°, p. 796.

est de 6 onces d'or fin, soit 36 sous ; juste le montant de l'amende la plus élevée que peuvent infliger, d'après la loi 6, § 1, C. J., I, 54 (année 399), les proconsuls, les comtes d'Orient et le *Præfectus augustalis* d'Egypte.

Quoi qu'il en soit, cette pratique de l'amende fiscale, garantissant l'exécution des conventions privées, se trouve avoir passé dans les mœurs juridiques de l'empire byzantin.

Une glose des Basiliques témoigne bien de la persistance théorique du principe qu'on ne saurait stipuler pour autrui (1). Mais le principe contraire, quand il s'agit du fisc, prévaut dans la pratique. Ce qui caractérise le régime des contrats à cette époque c'est qu'il n'y a justement pas d'obligation à laquelle ne soit adjoint un πρόστιμον, une *pœna conventionalis*. Un pacte sans προστιμον est un *pacte nu* : « ψιλὸν σύμφωνον » : Nov. de Léon, 72 : « τῷ προστάσσοντι νομιμῳ ψηφίσματι ἀπὸ ψιλοῦ συμφώνου μή τίκτεσθαι αγωγην ἀλλὰ μόνην παραγραφὴν ἐνίους ὁρῶμεν προσπαίοντας · ἀξιοῦντες γὰρ ἀπάν σύμφωνον απροστίμητον ψιλὸν ὑπαρχειν » ; un pacte qui n'engendre pas d'action, mais une exception ; un pacte par lequel le débiteur n'est pas tenu. Nov. de Romain le Jeune (coll. III, p. 288) : « οὐκ αει· τὶς ἀπο ψιλῆς ἐπαγγελιάς κατέχεται. »

Les πρόστιμα sont si bien le nerf des contrats que les empereurs, à différentes reprises, sont obligés d'édicter qu'on les exigera rigoureusement, puisque c'est d'eux que dépend le respect des conventions, et, en dernière analyse, toute la vie sociale. Romain le Jeune (959-963), par exemple, dans la Novelle XVII (coll. III, p. 287), s'exprime ainsi : « S'il est bien que les conventions entre les hommes restent fermes (et comment cela ne serait-il pas bien, puisqu'il n'est pas possible autrement de vivre, de faire subsister l'Etat et la vie en commun?) ; si d'autre part il est beau qu'on ne puisse commettre d'injustice, faire tort, nuire au voisin sans rencontrer d'obstacle, c'est une belle chose à coup sûr que d'exiger les πρόστιμα, qui réalisent la suppression de toutes ces mauvaises choses en même temps qu'ils gardent et assurent la vérité. »

Dans le même ordre d'idées, Manuel Comnène, en 1166

---

(1) L. 42, *Basiliques*, VII, 2 : « σημειωσαι ὀτι ἐξ ιδιοτικῶν συμφῶνων πρόστιμον ὁ δημόσιος οὐκ ἀπαντει εἰ μὴ αὐτὸς παρὼν ἐπερωτήσει · διὰ γαρ ἐλευθερων προσοπωγ ἀγωγὴ τινι ου προσποριζεται. »

(coll. IV, nov. 66, § 8) constate que les juges, par une malencontreuse et coupable indifférence, en n'exigeant plus le payement des πρόστιμα, qui donnent seuls force et sécurité aux conventions, énervent et rendent vain tout le droit des contrats ; et il demande que, pour réagir : « ταῦτα (προστιμα) ἀπαιτεῖσθαι ἐκ παραβάσεως κατὰ τὴν τῶν νομῶν δύναμιν και μέντοι καὶ καρποὺς καὶ πὰν διαφέρον καὶ πὰν ἄλλο τοιοῦτον ἀκολούθως ταῖς νομικαῖς διαταξεσιν. » — Déjà Alexis Comnène (coll. IV, nov. 20, an. 1082), se plaignant de l'accroissement démesuré du nombre des affaires et de l'encombrement des tribunaux, n'en voyait lui aussi d'autre cause que la négligence qu'on met à exiger rigoureusement le payement des πρόστιμα : « Τοῦτο δε πάντως οὐκ ἄλλοθεν εἴωθε συμβαινέιν ἀλλ' ἥ τοῦ μὴ ἀπαιτεῖσθαι τὰ ἐγκέιμενα προστίμα τοῖς συμφῶνοις ἀυτῶν. » Le remède, pour lui, est le même qu'indique plus tard Manuel Comnène : « καὶ ὡς εἴ τις ἀπὸ γε τοῦ νῦν τοιοῦτον τολμήσει ποιῆσαι, ὑποχεισθαι ἀυτὸν τη τοῦ προστίμου εκτίσει. »

Tout marque l'infirmité du régime contractuel, le peu de stabilité des contrats, la nécessité de recourir à toutes sortes d'artifices extérieurs et empiriques pour leur donner une force qu'ils ne sauraient tirer de l'état de l'organisme juridique. M. Monnier, dans sa belle étude sur la « constitution ἐκατερῳ et le *jus pœnitendi* (1), » a établi cette vérité en partant d'un autre point de vue, par une autre méthode. Nous arrivons au même but par une autre voie. Le contre-poids nécessaire de ce *jus pœnitendi*, que M. Monnier a montré presque inhérent à la nature des contrats, est précisément cet emploi du πρόστιμον que nous étudions sommairement ici. La constitution d'Alexis Comnène, que nous venons de citer, nous fournirait, s'il en était besoin, la preuve de la nécessité de ce contrepoids (p. 348-349) : « Βασιλεία βουλομένη τὰ ὀρθῶς καὶ κατα νόμους συστάντα, εἴτε συναλλάγματα εἶεν εἴτε παρὰ τινων σύμφωνα, τὸ χῦρος ἔχειν εἰσαεὶ καὶ μὴ ἐκ μεταμελου τινὸς ανατρέπεσθαι κελεύει..... Οὐκ εὔλογον ἄν εἴη οὔτε δίκαιον τὰ πρότερον καλῶς δόξαντα καὶ κατὰ γνώμην τῶν συναλλαξάντων συστάντα παραβαίνειν ἐκ μεταμελειάς. »

En présence d'un tel état des choses, que devait faire le *Pouvoir* ? Il lui était difficile de rester indifférent. Mais le seul

<hr>

(1) Monnier, *Etudes de droit byzantin.* II : Méditation sur la constitution ἐκατερῳ et le *jus poenitendi.* Paris, Larose et Pichon, 1900, in-8°.

remède immédiat, on l'a vu, le seul à sa portée, c'était d'exiger par voie d'autorité le payement rigoureux du πρόστιμον, puisque tout le système des conventions en dépendait. Il lui fallait, de toute façon, intervenir, se porter partie au contrat, exiger lui-même et en son nom ce πρόστιμον convenu entre les parties. Et comme toute peine mérite salaire, comme le Pouvoir ni ne veut ni ne peut rendre service au corps social sans juste rétribution, une partie du πρόστιμον conventionnel devait forcément se changer en *amende fiscale*.

C'est le pas décisif que paraît avoir accompli Alexis Commène dans cette même constitution 20, de l'année 1082 :

« Βασιλεία κελευέι σοί τὴν περι τούτον εἴδησιν ἔχοντι, ον ἂν εὕρῃς ἀπὸ τῆς σήμερον πρὸς ἀνατροπὴν χωροῦντα τῶν ἤδη κατὰ νόμους συμφωνηθέντων καὶ κατὰ τὸ ἀρεστὸν καὶ θυμῆρες αὐτῷ, ἀπαιτεῖν τοῦτον τὸ πρόστιμον ἀσυμπαθῶς καὶ ἀποτάμιζειν τῷ δημοσιῳ » :

« Ma majesté t'ordonne que, s'il vient à ta connaissance, à partir d'aujourd'hui, que quelqu'un aille à l'encontre des contrats conclus par lui conformément aux lois et à sa libre volonté, tu exiges de lui impitoyablement le πρόστιμον que tu feras rentrer dans les caisses du fisc. »

Et il demande à l'archonte de faire afficher son édit dans les sièges du thème (καθισματα) « ὡς ἂν διαγνόντες ἄπαντες ὡς οὐκ ἐκφέυξουσι τὴν ἀπαίτησιν τῶν προστίμων διχἀιοι καὶ εὐθεῖς ὦσι πὰρα τῷ συναλλαγματι. »

Voilà le fisc maître du προστίμον, de la *pœna conventionalis*, et la convention privée placée directement sous son contrôle. Le principe de droit privé que la stipulation pour autrui est impossible a été vaincu ; on peut dire en stipulant pour lui, le créancier stipule pour le fisc ; il acquiert pour le fisc ; sa stipulation engendre une action au profit du fisc.

La pratique a, au reste, devancé depuis longtemps la théorie. Les *pœnæ*, stipulées au profit du fisc par les parties elles-mêmes, sont fréquentes à cette époque dans toutes les parties de l'empire byzantin, comme elles l'avaient été au Bas-Empire, nous l'avons vu, dans les provinces orientales. Pour l'établir, on n'a que l'embarras du choix parmi les *Acta diplomatica* de Muller et Miklosich. Dans la plupart des actes, à côté du πρόστιμον que la partie infidèle à ses promesses aura à payer à l'autre, on trouve stipulée une *pœna* en faveur du fisc. Et cela bien avant la constitution d'Alexis Comnène.

Dans une transaction de l'année 987 entre le monastère de Lamponius et celui de Saint-Paul du mont Latros (*Acta*, IV, p. 308, n. 9), je trouve cette indication : « οἱ ταυτην (συμϐίϐασιν) ἀθετῆσαι ἐπίχειρουντες..... πρόστιμον ὑπέχωσι διδόναι αὐτὸι καὶ δι' αὐτῶν ἡ καθ' ἡμᾶς μονὴ ἐκ χρυσοῦ λίτρας τρεῖς — πρὸς δὲ τὸ βασιλικὸν βεστιάριον χρυσοῦ λίτραν. »

Dans un autre acte (t. VI, n° 37, p. 133, ann. 1197) : si quelqu'un attaque la donation : « προςτιμου δοσει ὑποπεσούμεθα πρὸς ὑμας καὶ τὴν μονὴν ὑμῶν — νομισμάτων προτιμωμένων τῶν παρὰ τοῦ δημοσίου ἀπαιτουμενων ἑκατον, — εἰς δε τὸ βασιλιχον βεστιάριον τὸ τρίτον τούτων. »

Même formule : *Ibidem*, p. 151, n° 44, an. 1206 ; p. 157, n° 47, an. 1212 ; p. 126, n° 34, an. 1193.

D'autres actes : un acte de 1181 (t. IV, p. 123, n° 56) et un autre de 1213 (IV, p. 119, n° 54), remplacent les mots : εἰς δε τὸ βασιλιχον Βεστιάριον τὸ τρίτον τουτων, qui se trouvent dans ceux que nous venons de citer par les suivants : « Καὶ τὸ κατὰ νόμους εἰς τον δημόσιον [αντιστραφησεται]. La part du fisc se présente ainsi comme une part fixée par la loi, par la coutume.

Quelle est cette part? sur quoi s'établit-elle et quelle quotité de la somme qui sert à l'établir représente-t-elle?

Les textes que nous venons de citer disent tous : le *tiers* : το τριτον τουτων. Ceux qui ne le disent pas expressément montrent en fait que, tandis que la partie, comme dans le diplôme de 987 (*Acta*, IV, p. 308, n° 9) par exemple, touche 3 livres d'or, le fisc en touche une, c'est-à-dire touche le *tiers*.

Mais le tiers de quoi? Le tiers du πρόστιμον que touche la partie? ou le tiers de la somme totale qu'elle touche, obligation principale et πρόστιμον compris ?

Certains textes, à n'en pas douter, sont en faveur de la dernière solution. Voici, par exemple, comment s'exprime un acte de vente de 1193 (*Acta*, t. VI, p. 126, n° 34) : « ὄχλησιν ἡ ξημιαν, ἥτις ἂν καὶ ἐστὶν, ἀποδίδωμεν σοι — αλλὰ καὶ ἃ ἐλαβομεν νομίσματα ἀπὸ σοῦ κατὰ τὸ διπλάσιον πρὸς σε ἀποδίδωμεν καὶ παντὶ προστιμου πρὸς δε τὸ βασιλικὸν βεστιαριον τὸ τρίτον τουτων. »

De même un acte de 1212 (t. VI, p. 157, n° 47) : « τὰ ἐξ νομίσματα κανόυργια ἄπερ ἐλάϐωμεν απο σου ἐπὶ τὸ διπλοῦν ἀντιστρεφωμεν καὶ προς τὸ δημόσιον — τὸ τριτον τουτων. »

A la partie, qu'on a dépouillée des avantages que lui assurait le respect du contrat, on fait restitution au double; et

c'est sur ce double qu'est calculée la valeur de ce qui revient
au fisc. Le tiers du fisc (τὸ τρίτον τούτων) c'est donc le tiers de ce
que touche la partie (obligation principale et πρόστιμον compris).
Les autres actes confirment cette conclusion. Dans l'acte de 987
(*Acta*, IV, p. 308, n° 9) la partie touche 3 livres d'or; le fisc
une. Si l'on additionne ce qui revient à la partie et ce qui
revient au fisc pour en faire une somme totale, on pourra dire
qu'il revient à la partie trois-quarts et au fisc un quart.

Dès la fin du dixième siècle, dans l'empire byzantin, l'amende
fiscale, ayant pour objet d'assurer l'exécution de l'obligation
principale, est donc pleinement connue et son fonctionnement
organisé. L'habitude de stipuler pour le fisc, de mettre les
engagements privés sous la protection d'une obligation accessoire contractée envers lui, est une habitude générale, bien
antérieure à la Novelle d'Alexis Comnène, qui n'innove pas sur
ce point. Rien n'indique, au reste, de la part du législateur, la
prétention d'innover ; il parle de « πρόστιμα ἐγκείμενα τοῖς συμφώνοις »
qui doivent être exigés « απαιτεισθαι » ; de payement du πρόστιμον,
auquel les parties doivent se soumettre : « ὑποχεῖσθαι αυτον τῇ τοῦ
προστίμου εκτίσει » ; et il dit qu'à l'avenir le juge de Thrace et de
Macédoine devra « exiger rigoureusement ce πρόστιμον. » L'objet
de la Novelle est de rappeler le juge et les parties au respect
rigoureux d'une loi ou d'une coutume existante.

La vérité, c'est qu'en dépit des principes et des jurisconsul-
tes la pratique de la *mulcta fiscalis*, de temps immémorial
existant en Egypte et dans d'autres provinces de l'est, s'est de
bonne heure répandue par tout l'empire. Le magistrat avait
trop d'intérêt à multiplier les cas où il pouvait faire usage de
son droit de *mulcta* pour ne pas se laisser aller aux sollicita-
tions des parties et ne pas consentir à intervenir, comme partie
elle-même, dans les conventions privées.

En Occident, nous trouvons l'usage de la *mulcta fiscalis* bien
avant l'époque où nous venons de l'étudier dans l'Empire
bysantin. Tous les diplômes des *Papiri diplomatici dez* Marini
nous montrent le fisc étroitement associé par une amende
fiscale à son profit à l'exécution des conventions privées. Par
exemple, dans les diplômes n°s 86, 96, 129 : « temerè litigans
una cum socio fisco auri libras centum et argento pondo du-
centa... coactus exsolvat et quod repetit vindegare non valeat. »

On trouve, dans les formules de l'époque mérovingienne, les mêmes termes reproduits : Marculf, L. II, n° 3 : « Si quis vero contravenerit — conventu omnium christianorum vel liminibus ecclesiarum extraneus habeatur... insuper etiam partibus monasterii... sociato quoque *tam in actibus quam in prosecutione* sacritissimo fisco auri libras tantas... et ne sic quoque quod repetit valiat vindicare. » — Dans les formules 4 et 7 : « inferat partibus ecclesiæ. — *cum cogente fisco* auri libras tantas... »

On voit clairement par tous ces textes que le fisc figure comme associé dans la perception de l'amende encourue par la partie infidèle. En retour, il a évidemment un rôle actif à jouer dans l'accomplissement de l'obligation principale et dans le recouvrement de l'amende. C'est ce qu'indiquent les mots « cogente fisco » « una cum socio fisco coactus exsolvat » des diplômes de Marini, et les mots « sociato quoque tam in actibus quam in prosecutione fisco » des formules.

Quelle est la part du fisc? Est-ce le tiers de ce que perçoit la partie, comme plus tard dans l'Empire byzantin ?

Nous n'avons aucune indication précise. Mais il est à croire que le taux est le même en Occident et en Orient.

Tout autre est le taux du *fredus*, cette part qui revient aussi au fisc, dans la plupart des lois barbares. Dans toute exécution par autorité de justice, la partie a les deux tiers de sa créance ou de la composition, et le juge (le grafio) exécutant l'autre tiers (1). L'exécution se fait ici aux dépens du créancier, qui doit abandonner au juge exécutant un tiers de sa créance pour avoir les deux autres. Le système romain, au contraire, lui laisse intact le montant de sa créance, et fixe au tiers de cette même créance la *mulcta* qu'en plus de son obligation principale le débiteur doit au fisc en cas de non-payement.

D'où vient ce taux de la *mulcta fiscalis* dans le système romain?

Je serais assez porté à croire que cette habitude de fixer la *mulcta fiscalis* au tiers de la créance à recouvrer vient de la

____

(1) V. Sohm, *die fränkische Reichss und Gerichtsverfassung*, p. 106, et § vii, note 103 et 106. — Waitz, *Die Lex Salica*, p. 192. — Et *Lex Salica*, titre 50 : « et de ipsa secundum legem quae debet duas partes (ille) cujus causa est, tertia parte grafio frido ad se recolligat. »

promissio et de la *restipulatio tertiæ partis* dans la *condictio certæ pecuniæ creditæ*. Chaque partie, comme on sait, pouvait provoquer, au moment de l'organisation de l'instance, l'administration de la promesse réciproque que le perdant payerait, à titre de peine, une somme égale au tiers du montant du litige (1). D'autre part, dans le cas où il s'agissait entre les parties de la prestation d'un *facere*, pour éviter l'appréciation arbitraire du juge et pouvoir plaider sur une *pecunia certa*, presque toujours les parties fixaient à l'avance par stipulation réciproque le montant des dommages-intérêts à fournir par la partie récalcitrante à l'autre partie. C'est ce que disent les *Institutes*, III, t. xv, § 7 : « Non solum res in stipulatum deduci possunt, sed etiam facta, ut si stipulemur aliquid fieri vel non fieri. Et in hujusmodi stipulationibus optimum erit penam subjicere ne *quantitas stipulationis in incerto sit, ac necesse sit actori probare quid ejus intersit.* » Par l'effet de cette stipulation, l'obligation de faire ou de ne pas faire se trouve donc transformée pour les parties en l'obligation de se payer conditionnellement une certaine somme d'argent une *certa pecunia*. L'action par laquelle les parties agissaient l'une contre l'autre était tout naturellement la *condictio certæ pecuniæ*, laquelle comportait, nous l'avons dit, avant la *litis contestatio*, la *stipulatio et restipulatio tertiæ partis*.

Mais, l'obligation pour les parties de respecter les conventions arrêtées entre elles pouvant être envisagée comme une obligation de faire ou plutôt de ne pas faire, il s'ensuivait que tous les contrats pouvaient donner lieu par la *deductio in stipulationem* d'un *non facere* à la *promissio tertiæ partis*. Or, c'est justement cette *tertia pars* de l'obligation principale que nous trouvons être le montant de l'amende qui va au fisc dans le cas d'inobservance des conventions par l'une des parties.

Il y a cependant une difficulté. La *tertia pars* de la *conditio certæ pecuniæ creditæ* revient à la partie fidèle à ses engagements. L'amende fiscale que nous étudions est, au contraire, au fisc. Comment la première a-t-elle pu se transformer en la seconde ?

______

(1) Gaius, IV, § 171 : « ex quibusdam causis sponsionem facere permittitur veluti de pecuniâ certâ creditâ et pecuniâ constitutâ; sed certæ quidem creditæ pecuniae — *tertiae partis*, constitutæ verò pecuniæ partis dimidiae. »

Il ne faut pas perdre de vue, si l'on veut comprendre la chose, qu'une autre action, en un certain sens toute voisine de la *conditio certæ pecuniæ creditæ*, aboutissait au payement d'une amende au fisc. Et c'est Gaius lui-même qui fait le rapprochement : Gaius, *Commentaires*, IV, 13 : « Eaque actio [generalis sacramenti] proinde periculosa erat falsi... atque *hoc tempore* periculosa est *actio certæ creditæ pecuniæ* propter sponsionem quâ periclitatur reus si temerè neget et restipulationem quâ periclitatur actor si non debitum petat; nam qui victus erat summam sacramenti prestabat pœnæ nomine, eaque in publicum cedebat prædesque eo nomine prætori dabantur, — non ut nunc sponsionis et restipulationis pœna lucro cedit adversario qui vicerit. » Le principe était le même dans les deux actions : punir la mauvaise foi. Mais dans un cas l'amende était payée au fisc, dans l'autre à la partie.

Dans la *condictio certæ pecuniæ creditæ* proprement dite, il se comprenait originairement fort bien que la *tertia pars* échût à la partie victorieuse pour la dédommager des ennuis et dépens d'un procès, dont on lui avait injustement imposé la charge. Mais dans le cas de *deductio in stipulationem* d'un *non facere* ayant pour objet d'assurer le respect de conventions antérieures, il n'en est pas de même. Cette *deductio in stipulationem* avait précisément pour objet de fixer le montant des dommages-intérêts dus par la partie téméraire et de mauvaise foi, de faciliter le dédommagement de la partie lésée. Allouer à la partie lésée la *tertia pars* de la somme préalablement fixée comme représentant les dommages dus pour l'inobservation de la promesse d'un *facere* ou d'un *non facere*, c'eût été allouer à cette même partie fidèle à ses engagements de seconds dommages-intérêts, faisant double emploi avec les premiers. La logique était que la partie victorieuse ne pût ici cumuler la perception de ces dommages-intérêts fixés par stipulation et de la *tertia pars* sur laquelle s'engageait l'action.

Le développement interne du droit et de la procédure poussait donc à traiter cette stipulation *tertiæ partis* dans les engagements *de ne pas faire* autrement que dans la *condictio certæ pecuniæ creditæ* ordinaire. On ne pouvait l'attribuer à la partie déjà satisfaite par le προστίμον. C'était chose toute simple de songer à l'attribuer à celui qui déjà, dans l'*actio sacramenti generalis*, touchait l'enjeu engagé à titre d'amende contre le perdant, le fisc.

Comment, dans la réalité, s'accomplit ce dernier progrès? à quelle époque? par qui?

On ne saurait dire exactement. Mais on voit comment cette idée d'attribuer cette troisième partie, ce *tiers*, au fisc, se faisait, pour ainsi dire, jour de toutes parts. En Egypte, la très ancienne pratique avait nettement résolu la question en ce sens; en Occident, les coutumes barbares associaient directement le personnage du fisc à l'exécution des engagements entre les parties et lui faisaient sa part; le développement interne du droit romain pousse dans le même sens. — Enfin il est une autre raison que je veux développer : c'est le pouvoir arbitraire qui a appartenu de tout temps au magistrat romain d'infliger des amendes, le droit de *mulcta* (v. loi 131, D. L, 16, *De verborum significatione*). La *mulcta*, qui se distingue nettement et s'oppose à la *pœna*, a pour effet de suppléer au silence de la loi relativement aux délits de peu d'importance. Le magistrat seul a droit de *mulcta* (V. Cujas, t. VIII, p. 586, B et D); et réciproquement là où la *magistrature* a été conférée par bénéfice *spécial*, le droit de *mulcta* (*mulctam dicere*) existe par une conséquence toute naturelle (V. Cujas, *ibidem*, et loi 2, § 8, D. V, 1). Tout individu qui a reçu le droit d'organiser une instance *mulctam dicere potest :* prêteurs, consuls, censeurs, édiles, tribuns du peuple, et par délégation aussi, par concession expresse du prince (bien qu'ils ne soient pas proprement *magistrats romains*) les magistrats municipaux : les duumvirs, et les gouverneurs de province. D'une manière générale, le pouvoir de discipline (*coercitio*), qui se traduit par le droit d'infliger des amendes, de prendre des gages (*pignoris capio*), *de jubere in carcerem duci*, est inséparable de la juridiction et appartient à tout magistrat ou individu exerçant par délégation les fonctions de magistrat (L. 5, § 1, D., I, 21).

Ce pouvoir de *mulcta* du magistrat ne peut se manifester gravement dans les procès privés tant que subsiste la procédure formulaire. Le rôle du magistrat se borne à organiser l'instance. Un des cas où l'on voit le mieux son droit d'infliger des amendes intimement mêlé à son rôle judiciaire, c'est la procédure contre la femme divorcée qui ne veut pas avouer qu'elle est enceinte (l. 1, § 3, D., XXV, 4). Elle est sommée de comparaître devant le préteur, et si elle ne veut pas se rendre à cette sommation : « cogenda erit *remediis* prætoris et in jus venire, et, si venit, respondere : pignoraque ejus capienda et distrahenda, si contemnat, vel mulctis coercenda. » Le préteur poursuit certains résultats légaux qui sont de sa compétence par l'exercice de son pouvoir arbitraire de *coercitio*. La *coercitio*, ici, aide à l'œuvre de la *jurisdictio;* elle facilite la tâche à cette dernière, elle contraint la partie à se mettre justement dans la disposition où il faut pour que la juridiction puisse atteindre son but. — A plus forte raison, le droit de *mulcta* a-t-il à jouer un rôle de plus en plus grand sous le régime de la *cognitio.*

On ne s'étonnera pas de constater que, dans les textes byzantins, ce droit de *mulcta*, de *coercitio* du magistrat, est considéré comme s'exerçant de préférence en ce qui touche la discipline du tribunal, l'attitude des parties, au cours de la procédure, et de tous ceux, avocats ou autres, qui prennent part à l'œuvre de la justice.

Une scholie, citée par Heimbach (*Harménopule*, p. 803, col. 2), nous dira par exemple :

« Τὸ δε πρόστιμον οὐκ ἔστιν γενικὸν, ἀλλὰ τινα ὁ δικαστὴς αμαρτήματα σωφρονίζει · τουτέστιν εάν τις ἀναισχύντως τῳ δικαστῇ διατεθῃ, ἢ ἔαν ὁ συνήγορος δολιεύσηται περὶ τὴν συνεγοριαν, δύναται τούτους ὁ δικαστὴς προστιμᾶν. » Le *prostimon* n'est pas une peine quelconque ; c'est la peine par laquelle le juge punit certains délits; par exemple une des parties a une attitude inconvenante à son égard, ou l'avocat agit dolosivement dans sa plaidoierie, le juge, pour les punir l'une et l'autre, a le *prostimon.*

La même scholie, quelques lignes plus haut, nous donne une autre indication intéressante. Elle explique que la peine, criminelle ou capitale, punit le délinquant dans sa vie ou ses membres, tandis que le προστιμον ne le frappe jamais que dans ses biens; et elle ajoute que la peine est toujours établie par la loi, au lieu que le προστιμον dépend exclusivement des conventions des parties ou de la libre appréciation du juge :

« οὐ γὰρ εὑρήσεις νόμον λέγοντα ὅτι παραβὰς τὸ δε τὸ συνάλλαγμα , διδότω τό, ἀλλὰ τὸ πρόστιμον ἢ ἀπὸ τοῦ δικαστοῦ ἐπιφέρεται ἢ ἀπὸ τῆς τῶν συναλλόντων συμφωνιάς καὶ ἀρεσκείας. » On remarquera en outre que le texte s'exprime comme si le domaine par excellence du προστιμον était celui des contrats.

Au Bas-Empire encore plus qu'à Rome, sous le régime de la procédure extraordinaire plus encore que sous celui de la procédure formulaire, appartient au juge un pouvoir de discipline et de coercition qui lui permet de prononcer souverainement sur la correction d'attitude et la bonne foi du plaideur dans le débat judiciaire et de s'entremettre intimement dans les rapports des parties. Faut-il rappeler que cette correction d'attitude des parties en justice paraît avoir été de tout temps la grande préoccupation du législateur? Les multiples précautions prises contre les plaideurs téméraires ou de mauvaise foi me paraissent l'établir de reste. .

Quoi d'étonnant que le juge, que le Pouvoir, si grandement intéressé à toutes les époques au maintien d'une certaine bonne foi générale et au respect des conventions entre particuliers, se soit attribué, pour rendre plus efficace son office de discipline générale et de haute surveillance sur les mœurs sociales, cette *tertia pars* de l'obligation principale, traitée comme l'enjeu de l'*actio sacramenti*, et devant naturellement lui revenir comme ce dernier? Une autre cause dont nous parlerons plus brièvement, dont il est difficile de préciser l'importance mais qui a eu son action aussi, c'est la pratique de plus en plus répandue des *mulctæ sepulcrales* en faveur des tiers : la famille du défunt, le Souverain Pontife, le fisc.

On a beaucoup discuté sur ces *mulctæ sepulcrales*, et les difficultés qui s'y rapportent ne paraissent pas avoir été résolues. D'où vient à la volonté d'un défunt la vertu d'engendrer à la charge d'un tiers et au profit du fisc ou d'une corporation, l'obligation juridique d'avoir à payer une certaine somme?

Pour les uns, une loi seule, dont il ne reste rien, a pu ainsi au mépris des principes conférer l'efficacité juridique à la défense du fondateur. Pour les autres, cette défense de telle ou telle chose doit rentrer dans la catégorie des conditions mises au legs *per damnationem*. Pour d'autres enfin, au nombre desquels figure au premier rang M. Merkel (1), l'auteur de la

____

(1) Merkel, *Ueber die sogennanten Sepulcralmulten*. Leipzig, 1892, in-8°.

dernière monographie importante sur la matière, les défenses sanctionnées par les *mulctæ sepulchrales* en question n'ont aucune valeur en droit. Légalement la caisse : fisc, grand-prêtre, corporation, commune, qui doit profiter de l'amende, n'a aucune action pour en poursuivre le recouvrement; et l'usage, la coutume seuls peuvent en assurer, dans certains cas, le payement.

Quoi qu'il en soit, à partir du deuxième siècle avant Jésus-Christ, la pratique de ces menaces de *multæ sepulchrales* se généralise, et il semble bien que ce soit la plupart du temps autre chose qu'un simple épouvantail. Il n'est pas sans fondement de prétendre qu'elles ont pu contribuer à répandre la notion de stipulation en faveur d'un tiers comme le fisc (1).

Tout donc concourait à faire entrer dans la conscience juridique du Bas-Empire cette pratique de corroborer les conventions entre particuliers par une stipulation accessoire en faveur du fisc : le développement interne du droit et de la procédure; l'habitude de plus en plus répandue d'une stipulation réciproque de *pœna conventionalis*, rendant surérogatoire et inutile la *tertia pars* de la *condictio certæ pecuniæ creditæ*; l'exemple de l'Orient et en particulier de l'Egypte, qui connaissait de temps immémorial le προστίμον en faveur du fisc; enfin le besoin généralement ressenti dans une société, où les rouages sociaux vont plutôt s'affaiblissant, de renforcer le respect des conventions.

*
* *

C'est qu'en effet par là le résultat poursuivi était atteint. L'obligation privée était mise sous la garantie de l'obligation fiscale; et le droit des dettes était bien plus rigoureux en matière fiscale que lorsqu'il s'agissait d'une dette privée. En tout temps et en tout pays ç'a été le privilège du fisc de poursuivre l'exécution des obligations contractées envers lui sur la personne même du créancier, par l'emprisonnement. Tous les adoucissements, successivement apportés à la législation des dettes, n'ont pu venir à bout de cette rigueur particulière du

(1) Cf. Mommsen, *Strafrecht*, p. 814.

privilège fiscal. En sorte que par l'adjonction de cette obligation envers le fisc, le créancier, simple particulier, voyait mettre à sa disposition, pour recouvrer sa créance, toute la force de l'Etat et les rigueurs d'un droit d'exception.

On remarquera que le droit des dettes en matière privée restait cependant, en droit romain malgré tous les adoucissements survenus au cours des âges, bien rigoureux encore. Après les dispositions adoucies des lois Pœtilia Papiria (428 de Rome), Popilia (673), et la législation Cornélienne, la *lex Julia judiciorum privatorum* pose le principe que le débiteur de bonne foi, dont l'insolvabilité n'est pas due à la légèreté et au dérèglement, peut se soustraire à l'*exécution sur sa personne* en faisant abandon de tous ses biens, et cela : 1° sans encourir l'infamie ; 2° avec le bénéfice de compétence. Dans tout autre cas on poursuit sur la personne encore en l'an 223 (l. 1, C. J., VII, 7). C'est à la fin du troisième siècle seulement, en 294, que par un édit de Dioclétien et Maximien (12, C. J., IV, 10), l'exécution personnelle disparaît théoriquement de la loi.

Mais les efforts du pouvoir dans ce sens semblent ne pas avoir abouti. La pratique continue à connaître la prison pour pour dette, et la *prison privée*. Une loi de 388 (C. Th., IX, 11) la défend ; une autre (l. un., C. J., IX, 5) la montre toujours pratiquée en Egypte à la fin du cinquième siècle comme au temps de l'Edit de Tibère Alexandre sous Galba (1).

Un résumé d'une constitution de Justinien, adressée à Mennam P. P., qui nous est parvenu par les *Basiliques*, LX, 65, 2, et la *Synopsis* de Leunclave, LX, 35 (p. 520), et qu'on fait figurer au Code comme le fragment 2 du titre V du livre IX, est encore plus explicite pour les autres parties de l'Empire :
« ἡ διάταξις κελέυει μὴ γίνεσθαι ἰδιωτικὰς φυλακάς, τοὺς δε τοῦτο πράττοντας ὑποχεῖσθαι καὶ ἐπιτιμίῳ καὶ διάγειν ἐν τῇ δημοσίῃ φρουρᾳ τοσαύτας ἡμερας ὅσας δήποτε ἄν γέγονεν ὁ ἐγκλεισθεὶς ἐν τη γενομενη παρ' αὐτῶν φυλακη, ὁποίας ἄν εἴησαν τυχης ἤ ἀξίας, ἐκπιπτειν δὲ καὶ τῆς δίκης ἁρμοζούσης αὐτοῖς κατὰ τῶν ἐγκλεισθεν-

---

(1) V. Bruns, *Fontes juris .. Edictum praefecti Aegypti*, a. 68, p. C. §4 : « Ἀι πράξεις τῶν δανείων ἐκ τῶν ὑπαρχόντων ὦσι καὶ μὴ ἐκ τῶν σομάτῶν, ἑπόμενος τῇ τοῦ θειου Σεβαστου βουλήσει... κελεύω μηδ' ὅλως κατακλέιεσθαι τινας ἐλευθέρους εἰς φυλακὴν ἡντινοῦν, εἰ μὴ κακοῦργον μηδ' εἰς τὸ πρακτόρειον ἐξω τῶν ὀφειλόντων εἰς τὸν κυριακὸν λόγον. »

των, προνοίᾳ τοῦ ἐπισκόπου καὶ τοῦ ἄρχοντος. » Les délinquants ici visés ce sont évidemment les grands. Eux seuls peuvent avoir ces prisons particulières qu'on oppose aux prisons publiques. Et qu'il s'agisse d'emprisonnement pour dette, c'est ce qu'indiquent les mots ἐκπίπτειν τῆς δίκης ἁρμοζούσης αὐτοῖς κατὰ τῶν ἐγκλεισθέντων, qui se retrouvent dans un autre résumé que donne de la même constitution Théodore d'Hermopolis (l. 2 B, C. J., IX, 5) sous cette forme : « ἐκπίπτειν καὶ τῆς κατ' ἐκείνου ἀγωγῆς. » Le texte de Théodose donne même à entendre que le créancier peut jeter son débiteur dans sa prison privée à la condition d'en avoir préalablement obtenu la permission de l'archonte : « ὁ νόμος τὸν ἔχοντα κατά τινος ἀναγκάζει τοῖς ἄρχουσι προσιέναι · κάκεῖνοι, εἰ συνειδῶσι δίκαιον φυλακὴν γενέσθαι, ἐπιτρέπουσι τοῦτο. » (Voir également les lois 22 et 23 C. J., I, 4). — Assez souvent même le débiteur insolvable, outre la prison, semble avoir été soumis aux châtiments corporels : l. 1, C. Th., IV, 20; et le passage correspondant de l'*Interpretatio* de la *lex Romana Wisigothorum* démontre que ces mauvais traitements s'emploient pour les les dettes privées comme pour les dettes fiscales.

Le temps reste évidemment aux solutions rigoureuses. Et, après la chute de l'Empire romain, on trouve un peu partout l'esclavage pour dette (1).

Déjà la novelle 134, § 7 (an. 556) constate que « οἱ δανεισταὶ τὰ τέκνα τῶν χρεωστούντων τολμῶσι κατέχειν ἢ εἰς δουλικὴν ὑπηρεσίαν ἢ μισθοῦν... ἢ ἐνεχυριάσαι... » L'*Ecloga* de Léon et Constantin, X, 3, mentionne la même pratique : ὁ δανειστὴς — ἐὰν ἐνέχυρα λάβη καὶ ἐπάρη τὰ τέκνα τῶν ἰδίων χρεωστῶν — καὶ εἰς δουλικὴν ὑπηρεσίαν ταῦτα μισθώσηται. » Et plus tard la *Synopsis Major* (X, § 36) et Harménopule (III, titre V, § 70) reproduisent les mêmes indications. Il n'en est pas autrement en Occident, dans les contrées occupées par les Barbares, et particulièrement dans les terres de l'Empire franc. Voir formules de Marculfe : L. II, f. 25, 26, 27, 28. Nous trouvons là, passé dans les mœurs et admis par la loi, un véritable esclavage pour dette. L'*obnoxius* a la condition d'un *servus serviens*, soumis comme tel aux châtiments corporels et, comme un vrai serf, pouvant être vendu (formule 28). Le plus intéressant, c'est que cet esclavage pour dette ne résulte

(1) On lira dans le même sens : Mitteis, *Reichsrecht und Volksrecht*, p. 444-458.

pas d'une procédure judiciaire, d'une sentence du tribunal, mais de la teneur même de l'instrument de la dette, qui a ainsi la nature et l'effet de l'acte muni de nos jours d'une clause exécutoire. Passé le délai fixé pour le payement, le débiteur est aussitôt, par le fait même, constitué en servitude, *obnoxius* lui et les siens (f. 25). Cette convention d'esclavage pour dette est susceptible, comme modalité, de ne comporter que l'engagement, pour ainsi dire, d'une partie de sa force de travail : par exemple tant de jours par semaine (f. 27). Le contrat prend alors l'aspect d'une location d'œuvres : « εἰς δουλικὴν ὑπηρεσίαν ταῦτα μισθώσηται, » dit l'*Ecloga*, dont il faut rapprocher les mots de Varron, LL. VII, 5, 105 : « liber qui suas operas in servitutem pro pecuniâ quâdam debebat — vocatur ab aere obaeratus. »

Plus tard, en Occident, en France, sur ce droit des dettes, nous avons un texte de Beaumanoir : § 696 : « Selonc la coustume *nus* cors d'homme n'est pris pour dete, s'il n'a par *lettres son cors obligié à tenir et à mettre en prison*, se ce n'est pour la dete le roi ou le conte. Mais pour ces deus puet-on prendre les cors et les avoirs, et, si ne leur convient fere nul commandement de payer ne à vii jours ne à xv, ainçois li princes de son droit qu'il les puet justicier si tost comme termes est passé par la prise de leurs corps et de leurs biens ; » et un fragment de l'Usage orléanais, cité par M. Viollet (1), qui le confirme (2).

Les principes en vigueur sont les suivants : 1° la contrainte par corps reste le privilège des dettes fiscales, des dettes du roi et des dettes du comte ; 2° elle est abolie pour les dettes contractées envers les particuliers, moyennant abandon, par le débiteur, de ses biens ; 3° il est loisible aux parties de déroger par convention expresse aux dispositions de la loi et de l'usage sur ce dernier point. Le débiteur peut expressément se soumettre, lors de la conclusion du contrat, à la contrainte par corps : « s'il n'a par lettres son corps obligié, » dit Beaumanoir. — Nous trouvons cette jurisprudence confirmée par

(1) Viollet, *Etablissements de saint Louis*, t. I, p. 226.
(2) Voir aussi Ordonnance de 1256, art. 17 (*Ordonnances du Louvre*, t. I, p. 80).

l'article 12 d'une ordonnance de 1303 rendue pour la séné-chaussée, viguerie et ville de Toulouse : « eorum bona venalia exponantur de quibus satisfiat creditoribus nisi hoc (emprison-nement pour dette) *ex conventione* processerit *debitoris*. »

La jurisprudence parisienne paraît, dans le *Grand Coutumier de France* (ch. XV, p. 216), avoir voulu réagir contre cette pratique de l'emprisonnement volontaire pour dette : le prin-cipe est posé que « nul homme n'est tenu prisonnier pour dette de garde et de commande, » et cela sous aucun pré-texte. Mais la pratique opposée reste la plus forte : l'ordon-nance de Moulins (1566) permet que les débiteurs condamnés soient contraints par emprisonnement quand, par contrat d'obligation, ils se sont volontairement obligés au payement de quelque somme sous peine de contrainte par corps.

C'est seulement l'ordonnance de 1667 (art. 34, § 4) qui abolit l'exécution sur la personne en *matière civile*. Encore reste-t-elle permise dans les contrats de baux de fermage (art. VIII). Il faut pour cela que la contrainte soit stipulée par le bail, et que le titre emporte exécution parée, c'est-à-dire que l'acte soit passé devant notaire sous scel authentique royal ou seigneurial.

Tel est le droit de la dette privée qui reste, on le voit, très rigoureux jusqu'au dernier temps. Encore au quinzième siècle, en Andorre, on trouve des contrats de censal, où il est dit que si le débiteur ne paye pas au jour dit, il devra se consti-tuer prisonnier au domicile du créancier ; comme aux temps mérovingiens.

Pourquoi donc, étant donné cette rigueur très grande du droit des dettes, l'institution de la *scriptura de terç?* ce besoin de mettre l'obligation privée sous la protection et comme sous la garantie d'une obligation envers le fisc?

C'est que, malgré tout, l'obligation fiscale est autrement forte que l'obligation privée. A une époque d'anarchie et de décomposition sociale, où le Pouvoir menacé craint d'agir, l'individu n'a d'autre garantie de son droit que sa force pro-pre, à moins d'intéresser directement le Pouvoir à la défense de ce droit. La pratique d'associer étroitement le fisc à la poursuite d'une obligation privée procède de cette nécessité, et n'a pas d'autre sens. Par l'abandon au fisc d'une part de son obligation, de la *tertia pars*, le créancier lui fait une nécessité de prendre parti pour lui, d'user en sa faveur de toute la rigueur de son droit d'exception : ce droit avoué, reconnu de tous, qui n'a pas été énervé par une longue suite de prescriptions opposées.

La *scriptura de terç* est la continuation directe de l'usage ancien de confirmer l'obligation privée par la stipulation d'*un prostimon* en faveur du fisc.

*
* *

Tout alors s'explique dans la nature et l'histoire de l'institution; et nous n'avons plus, pour parfaire notre étude, qu'à tirer les conséquences des principes posés.

Tout d'abord, ce nom même de terç, qui a servi à désigner l'institution ; *terç*, *tertius*, c'est évidemment la *tertia pars*, le τρίτον μέρος de l'obligation principale qui représente le *prostimon* revenant au fisc. Nous avons essayé d'expliquer pourquoi et comment cette indemnité fiscale s'élève au tiers de l'obligation principale.

Puis ce fait considérable et caractéristique, que la *scriptura de terç* n'a été originairement dressée qu'à la cour de la viguerie de Barcelone (1), et par délégation spéciale du comte souverain. Le *prostimon* est en effet essentiellement amende fiscale, droit régalien, et ne saurait appartenir aux magistrats et aux juges en vertu d'un droit propre. C'est ce que prouve et signifie le fait que c'est par privilège spécial du comte souverain que le viguier de Barcelone exerce ce droit de dresser des *scripturas de terç*.

C'est par une extension, en un sens abusive et contraire à la nature de l'institution, que pour des raisons tirées des nécessités de la pratique, les *cortz* de Monzon, en 1585, accordèrent le privilège de recevoir les *scripturas de terç* à toutes les cours de viguerie du Roussillon et du Vallspir (2).

(1) Ord. de Cataluña, loi 24, livre VII, titre 10.
(2) Ord. de Catal., loi 23, livre VII, t. 10 : « En esta ley se disponia que las escrituras de tercio registradas en las curias del veguer de Roselon y Vallespir tuviessen la misma fuerza que las registradas en la curia del veguer de Barcelona. » *Ibid.*, l. 24.

Dès ce moment, le droit ne figurait plus parmi les droits régaliens, mais devenait un droit d'ordre subordonné et inférieur.

Pour cette raison sans doute, le *terç*, l'ancien *prostimon* qui n'avait originairement représenté rien moins que le tiers de l'obligation principale, était rabaissé par ces mêmes corts de Monzon de 1585, au modeste taux de un réal par livre (1), « en las viguerias ù otras curias de los ordinarios en que se acostumbra ejecutar de aqui en adelante mas que un real por libra. »

A partir de ce moment, l'institution est en pleine décadence. La *scriptura de terç*, reçue par toutes les cours de viguerie, tend à se rapprocher de notre acte authentique ou, comme on disait autrefois, de l'écriture munie d'*exécution parée*, pour finalement se confondre avec lui. C'est d'abord la pratique d'exiger quelque chose en faveur du fisc, qui tombe en désuétude. La *scriptura de terç* perd alors ce qui est proprement sa caractéristique pour devenir simplement la reconnaissance de dette munie du sceau royal ou seigneurial, dont parle Beaumanoir et dont nous l'avons soigneusement distinguée au début de cette étude. Elle conserve toutefois encore son effet de rendre possible l'emploi de la contrainte par corps contre le débiteur en retard.

Mais la loi 19, L. XI, titre 31 de la *Novissima Recopilacio*, applicable à la Catalogne depuis 1835, supprime à son tour la contrainte par corps en matière civile. De tous ses privilèges originaires, la *scriptura de terç* n'a plus que celui de l'*exécution parée*.

Il se produit ceci : l'authenticité reste attachée à des actes qui, n'entraînant plus en fait ni peine de terç ni contrainte par corps, ne se distinguent par rien d'essentiel des autres actes passés par le même notaire, agissant toujours comme institué par le même pouvoir souverain. Mais alors comment le même personnage, agissant en la même qualité, peut-il conférer à certains des actes passés devant lui un privilège et une force particulière qu'il ne conférerait pas aux autres ?

La loi 1, livre XI, titre 28 de la *Novissima Recopilacio* donne

(1) Ord. de Catal., loi 24, livre VII, titre 10.

force exécutoire indistinctement à toutes les écritures publiques, c'est-à-dire à toutes les écritures émanées du notaire
dûment institué par le pouvoir souverain. En 1835, une autre
loi rend cette disposition de la *Novisima Recopilacio* obliga-
toire en Catalogne.

Du même coup se trouve supprimé tout ce qui se rapporte
à l'institution de la *scriptura* de *terç* ; il ne saurait plus être
question de « libro de tercios de las *curias*, de transcription
des actes dans ce « libro de tercios. »

En Andorre, dont la coutume n'est qu'une dépendance du
droit catalan, où se fait sentir plus ou moins longtemps après
le contre-coup des modifications survenues dans ce dernier,
nous trouvons l'institution de la *scriptura de terç* en vigueur
encore dans le dernier quart du dix-huitième siècle. Des actes du 14 et du 24 juin 1784 (1), pour ne citer que ces deux,
portent renonciation par le débiteur du censal constitué (2) à
son propre for et domicile « submittant à mi y a mon ben al
for y juridictio als Ho^ble Batlle » ... « y fem y firmam scriptura de terç, baix pena de terç en los libros dels terçs de las
curias de aquels ab la acostumada constitutio de Barcelona y
promessa de ratto habendo. » — Dans le premier quart du dix-
neuvième siècle, il semble bien que la formule de *scripturá de
terç* est déjà devenue une simple clause de style, ou tout au
moins n'emporte plus que l'exécution immédiate sur les biens,
sans qu'il puisse être question de contrainte par corps ou de
payement du terç.

Ainsi disparaît du droit catalan cette institution de la *scriptura de terç*, de l'amende fiscale corroborant une obligation
privée, qui a une si longue et si curieuse histoire ; qui répond
à un certain état de l'organisme contractuel et disparaît avec
lui, lorsque le mécanisme judiciaire est assez fort pour assurer par lui-même, sans intervention directe et personnelle du
pouvoir, l'exécution fidèle des contrats.

(1) Archives d'Andorre : Registres du notaire *Soldavilla.*
(2) Voir, pour le rôle de la *scriptura de terç*, dans la constitution du Censal :
Brutails et Platon, *Rapports sur le droit privé de l'Andorre.* Paris, 1903, in-8°.

TOULOUSE. — IMP. A. CHAUVIN ET FILS, RUE DES SALENQUES, 28.

Albert FONTEMOING, éditeur, 4, rue Le Goff, 4, à Paris

REVUE GÉNÉRALE
DU DROIT, DE LA LÉGISLATION
ET DE
LA JURISPRUDENCE
EN FRANCE ET A L'ÉTRANGER

Dirigée par MM.

C. APPLETON Professeur à la Faculté de droit de Lyon ;	Th. DUCROCQ Professeur honoraire à la Faculté de droit de Paris, Doyen honoraire, Correspondant de l'Institut ;	J.-B. MISPOULET Docteur en droit, Lauréat de l'Institut ;
Alph. BOISTEL Professeur à la Faculté de droit de Paris ;	Jh LEFORT Avocat au Conseil d'Etat et à la Cour de cassation, Lauréat de l'Institut ;	H. PASCAUD Conseiller à la Cour d'appel de Chambéry ;
J. BRISSAUD Professeur à la Faculté de droit de Toulouse ;	Fréd. MATHÉUS Ancien maître des requêtes au Conseil d'Etat ;	J. VALERY Professeur à la Faculté de droit de Montpellier.
H. BROCHER Professeur aux Universités de Genève et de Lausanne.	Enrico FERRI Député, Professeur à l'Université de Rome.	Fréderick POLLOCK Professeur à l'Université d'Oxford, Correspondant de l'Institut.

AVEC LE CONCOURS D'UN GRAND NOMBRE DE PROFESSEURS, DE MEMBRES DE LA MAGISTRATURE
ET DU BARREAU FRANÇAIS ET ÉTRANGER

LA REVUE GÉNÉRALE DU DROIT

Paraît tous les deux mois (depuis le 1er janvier 1877) par livraisons de chacune six feuilles (*au moins*) grand in-8° cavalier et forme, à la fin de l'année, un fort volume de 600 à 650 pages, imprimé sur beau papier en caractères neufs.

Le prix de l'abonnement est de 16 fr. pour la France et les pays faisant partie de l'Union générale des postes. — Pour les autres pays, les frais de poste en sus. Prix du numéro double, séparément : 3 fr. 25.

Tout ce qui concerne la Revue doit être adressé *franco* à M. Albert FONTEMOING, éditeur-propriétaire-gérant de la **Revue générale du droit**.

On s'abonne, en province et à l'étranger, chez les principaux libraires et dans les bureaux de poste.

www.ingramcontent.com/pod-product-compliance
Ingram Content Group UK Ltd.
Pitfield, Milton Keynes, MK11 3LW, UK
UKHW021622130726
13696UKWH00005B/2009

9 782014 069778